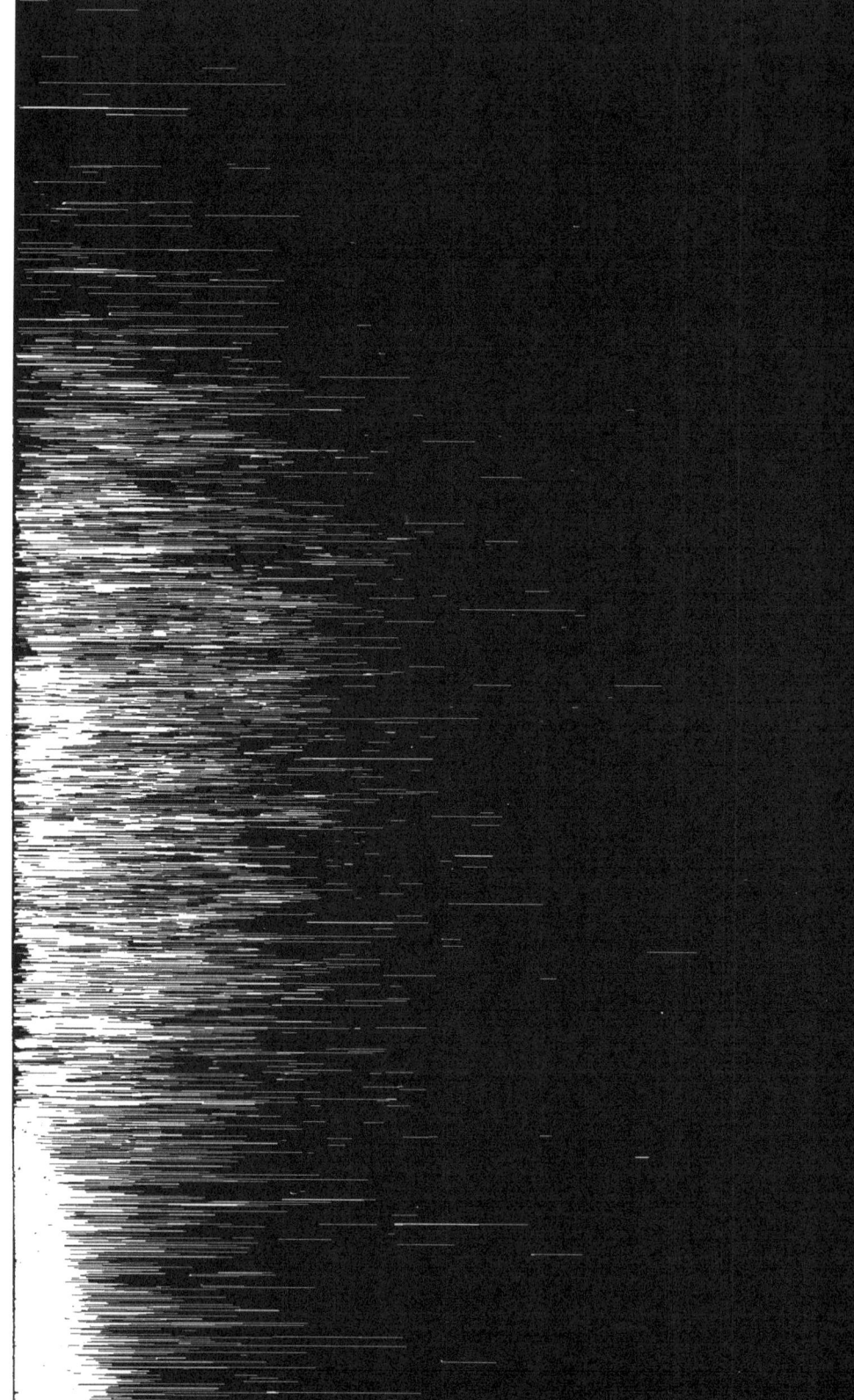

De France au Japon

PAR

le R. P. PAPINOT

MISSIONNAIRE APOSTOLIQUE

CHALON-SUR-SAONE
IMPRIMERIE FRANÇAISE ET ORIENTALE E. BERTRAND
5, Rue des Tonneliers, 5

1910

DE FRANCE AU JAPON

Le dimanche 10 octobre 1909, à 11 heures du matin, le paquebot *Ernest-Simons*, de la Compagnie des Messageries Maritimes, levait l'ancre dans le port de Marseille, en partance pour l'Extrême-Orient. Tout d'abord, plus d'un lecteur interrogera ses souvenirs d'histoire de France pour y retrouver le personnage qui a donné son nom à notre bateau : ce serait en vain. Ernest Simons était, de son vivant, directeur de la Compagnie des Messageries qui, pour perpétuer son souvenir, baptisa de ce nom un de ses grands paquebots. L'*Ernest-Simons* mesure, en effet, 150 mètres en longueur, de l'avant à l'arrière, et 17 mètres en largeur, de bâbord à tribord. Le personnel du bord se monte à 200 personnes : officiers, matelots, chauffeurs, domestiques, femmes de chambre, etc. A cause de la température élevée de la chambre de chauffe, — plus de 50° en moyenne, — particulièrement dans les régions tropicales que l'on doit traverser, les chauffeurs sont surtout des Arabes. Les domestiques chargés des travaux pénibles ou quelque peu répugnants sont des Chinois : on en compte à bord une cinquantaine, que l'on n'entrevoit que très rarement. Les passagers sont nombreux parce que c'est l'époque où les fonctionnaires d'Indo-Chine, après un congé dans la mère-patrie, regagnent leur poste dans la colonie : 80 en première classe, 100 en seconde, autant en troisième ; ce qui porte à 500 environ le nombre de personnes embarquées aujourd'hui. C'est à peu près comme si tout le village de Mellecey émigrait en une fois. Mais, bien loin d'être tous nés à l'ombre du même clocher, nos passagers sont de toutes les latitudes : il y a des Anglais, des Allemands, des Hollandais, des Suisses, etc. Quant aux Français, qui forment naturellement la partie la plus nombreuse, toutes les provinces sont représentées parmi eux. En seconde classe, nous sommes quatre missionnaires qui, comme les *coloniaux*, regagnons notre poste après un séjour en France pour raison de santé. Par une heureuse coïncidence, sur quatre il y en a trois qui appartiennent au diocèse d'Autun : l'un a fait, comme moi, ses études à Rimont; l'autre connaît Mellecey, où il est venu, l'an dernier, en visite dans une famille amie; la connaissance n'est donc plus à faire. Le quatrième, le plus jeune, est du diocèse de Lyon; c'est un quasi-compatriote. Mais aucun d'eux ne va aussi loin que le Japon et je devrai les quitter successivement le long de la route.

Cependant à peine le bateau est-il en mouvement, que l'on entend la cloche qui appelle au déjeuner. Chacun quitte sa cabine, interrompant le travail d'installation, et se rend à la salle à manger. Elle peut contenir 80 personnes rangées en cinq tables; mais, cette fois, elle est insuffisante : il faudra, étant donné notre nombre, un second service, et ce premier repas comporte un peu de désordre. Pourtant tous ceux qui ont pu trouver place y font honneur, car on est encore en rade et la mer est tranquille. Inutile, n'est-ce pas, de donner le menu de notre ordinaire; disons seulement, une fois pour toutes, qu'il est très copieux et assez varié. Les heures des repas sont ainsi fixées : de 6 à 8 heures, petit déjeuner, consistant en café au lait ou chocolat; à 10 h. 1/2, déjeuner; le soir, à 6 h. 1/2, dîner. Je ne mentionnerai que pour mémoire le thé à 3 h. et à 9 h. : nous nous abstenons généralement d'y paraître.

Le déjeuner terminé, nous remontons sur le pont pour regarder une dernière fois les côtes de France qui commencent à s'estomper dans la brume de cette belle journée d'automne. Vers 4 heures de l'après-midi, on les perd de vue, et, le cœur ému, on dit adieu aux rivages de la chère patrie et aux êtres aimés dont chaque tour d'hélice nous éloigne davantage. En un instant je vois passer devant mes yeux, en un tableau d'une netteté saisissante, Mellecey, la Vallée des Vaux, Chalon, Lyon ; les souvenirs les plus précis et les plus touchants se pressent en mon esprit, et pour ne pas céder à l'émotion qu'ils éveillent en moi, je me détourne et je pense au Japon : c'est là que le bon Dieu me veut, c'est là qu'est pour moi le devoir. Le dur sacrifice de la séparation, généreusement accepté de part et d'autre, sera, pour les miens et pour moi, une cause de bénédictions et de grâces d'en Haut ! Courage donc !...

Dans la nuit, nous passons le détroit de Bonifacio, entre la Corse et la Sardaigne, puis nous longeons la petite île de Caprera, célèbre par le séjour qu'y fit jadis le trop fameux Garibaldi ; mais l'obscurité ne nous permet pas d'en admirer les gracieux paysages.

Lundi, 11 octobre.

Dès le lever et pendant toute la journée, nous sommes en pleine Mer Tyrrhénienne ; bientôt nous ne sommes plus abrités contre le vent par les montagnes déjà trop éloignées. Aussi le bateau commence à s'agiter un peu plus fort que nous ne le désirerions, et, pour comble, il exécute un double mouvement, — roulis (de bâbord à tribord) et tangage (d'avant en arrière), — pénible à supporter. On s'en aperçoit au déjeuner, où nombre de places, — celles des dames surtout, — demeurent inoccupées ; plusieurs même de ceux qui ont eu le courage de descendre à la salle à manger abrègent le repas et se hâtent de remonter sur le pont, au grand air.

Malgré la mauvaise mer, nous continuons l'installation de notre cabine, et il est temps de vous la présenter. Figurez-vous une chambre, ou plutôt une cellule de 3^{m}80 de longueur sur 2 mètres de largeur. La moitié à gauche de la porte d'entrée, dans le sens de la longueur, est occupée par quatre lits ou couchettes superposées deux à deux ; l'autre moitié forme une sorte de corridor encombré par une table à toilette, des porte-manteaux, et ceux de nos colis qui n'ont pu trouver place sous les lits. Voilà notre logement pour toute la traversée : je dis *notre*, parce que nous sommes tous les quatre dans la même cabine. Les deux plus âgés, dont je suis, ont choisi les couchettes inférieures ; les plus jeunes ont pris les deux couchettes supérieures : ils sont plus agiles pour gravir l'échelle qui leur permet de gagner leur lit. Du reste, sauf ce détail de gymnastique, les couchettes se valent, et dans les unes comme dans les autres, il faut être modeste et savoir courber la tête, sous peine de se heurter soit au plafond, soit aux barres de fer qui soutiennent le lit supérieur. Mon âge ne me permettant plus les exercices d'acrobatie, je m'estime heureux de la place qui m'est faite ; mais dans le plus intime de moi-même, je fais des vœux pour que celui qui me surplombe n'éprouve pas inopinément les surprises du mal de mer ; sans quoi je risquerais de recevoir des... éclats plutôt désagréables.

Notre petite communauté ne peut pas avoir, pour le lever et le coucher, un règlement bien rigide, et ce n'est pas notre faute. Il est clair que, étant donnée la dimension de notre cabine, on ne saurait procéder plusieurs à la fois à sa toilette. Le premier éveillé se lève sans bruit, et, après les soins de propreté voulus, se hâte de quitter la chambre pour céder la place à un autre ; le second fait de même, et ainsi chacun à son tour. Il en est de même le soir : c'est l'un après l'autre, faute de place, que l'on se prépare au repos et que l'on se hisse de son mieux dans son étroit gîte de nuit. Tout cela manque un peu de confortable, mais l'habitude est vite prise. Et puis, en compensation, on a de l'eau douce à volonté pour ses ablutions, — sans parler des salles de bain où l'eau de mer coule à flots dans les baignoires ou tombe en douches sur la tête, — et l'électricité qui, par simple pression d'un bouton, éclaire soudain notre logis ou le plonge tout à coup dans l'obscurité.

Mardi, 12 octobre.

Vers 4 heures du matin, nous passons le détroit de Messine. Deux heures auparavant, nous avons aperçu les îles Lipari avec leur volcan, le Stromboli, toujours en activité, qui, dans la nuit, semble une immense torche allumée pour nous montrer la route à suivre. Le détroit de Messine est un site enchanteur, mais à cette heure nous ne pouvons en jouir. Pourtant nous montons sur le pont, afin d'entrevoir ces régions désolées par l'épouvantable tremblement de terre de décembre 1908 : du côté de la Sicile, Messine, éclairée à l'électricité, a gardé ou retrouvé son cachet de grande ville ; mais sur l'autre rive, Reggio n'est signalé que par quelques lumières éparses : c'est la ruine, et peut-être pour longtemps. Au lever du soleil, nous longeons encore les côtes de Calabre, toutes verdoyantes, avec une ville ou un village au fond de chaque anse, et rien ne semble rappeler le cataclysme qui a ravagé cette malheureuse contrée.

Nous sommes dans la Mer Ionienne, qui pour nous se fait clémente : la traversée, si elle se continue de la sorte, sera des plus agréables. Cependant il y a, parmi les passagers, un instant d'émoi, lorsque le bateau stoppe soudain : la machine s'est arrêtée. Informations prises, il s'agit d'un simple échauffement de l'arbre de couche : moyennant un peu d'huile et deux heures d'arrêt, tout est réparé.

Mercredi, 13 octobre.

On nous a fait craindre que la Méditerranée ne devienne capricieuse à la hauteur de la Mer Adriatique. Heureusement il n'en est rien, et l'on ne peut rêver voyage plus agréable. Si, en seconde, les passagers étaient moins nombreux, et par conséquent moins les uns sur les autres, on n'aurait vraiment rien à désirer.

Vers midi, nous passons en vue de l'île de Crête, qui, ces derniers temps, a donné tant de fil à retordre à la diplomatie européenne. Pendant deux ou trois heures, nous voyons se dessiner vers le Nord un horizon de montagnes pittoresques dont la plus élevée, le mont Ida, de mythologique mémoire, atteint 2.450 mètres de hauteur. Vers 3 heures, tout a disparu, et nous voguons de nouveau en pleine mer.

Jeudi, 14 octobre.

Le beau temps continue et la longueur de la journée est, pour ainsi dire, diminuée par la proximité de la terre et l'espoir d'un arrêt de quelques heures. Dans l'après-midi, nouvelle panne d'une heure environ, toujours pour échauffement de l'arbre de couche produit par des frottements. Vers le coucher du soleil, on entrevoit la côte d'Égypte ; *Alexandrie*, qui nous rappelle saint Marc, Philon, saint Athanase ; — *Damiette*, avec le souvenir de saint Louis, etc.

Enfin, à 11 heures du soir, nous arrivons à *Port Saïd*, notre première escale. Port-Saïd est une ville récente qui dut sa naissance et sa prospérité au Canal de Suez, dont elle garde l'entrée. Sa population, d'environ 40.000 habitants, est des plus cosmopolites et, dit-on, des moins recommandables. Au milieu de la nuit, nous ne pouvons songer à descendre à terre et nous restons tranquillement à bord, nous résignant au bruit et à la poussière que produisent le débarquement des marchandises et l'approvisionnement de charbon.

Vendredi, 15 octobre.

Hier soir, à l'arrivée, on a affiché le départ pour ce matin à 6 heures ; aussi nous nous hâtons de nous lever pour jeter, du bateau, un regard sur la ville et ses environs. Le quai du Canal offre un aspect agréable ; les maisons ont encore l'apparence des constructions européennes, bien qu'un peu *orientalisées* déjà ; derrière, c'est la ville égyptienne, avec des terrasses au lieu de toits, avec ses coupoles de mosquées, ses minarets. De l'autre côté du canal, c'est le désert, une plaine de sable brûlée par le soleil. A 6 h. 1/2, l'*Ernest-Simons* lève l'ancre : nous saluons au passage la colossale statue de Ferdinand de Lesseps et nous entrons dans le canal qu'il a créé. Car c'est un Français qui a conçu cette œuvre gigantesque, qui en a dirigé l'exécution et qui l'a menée à bonne fin ; ce sont des Français qui ont fourni la plus grande partie des fonds nécessaires à l'achèvement de cet immense travail ; mais aujourd'hui ce n'est plus la France qui a voix prépondérante à Suez et dans toute l'Égypte. Le canal, creusé de 1859 à 1869, met en communication directe la Méditerranée avec la Mer Rouge, abrégeant de 10.000 kilomètres la route des vaisseaux qui se rendent en Extrême-Orient et qui, auparavant, devaient faire le tour de l'Afrique en doublant le cap de Bonne-Espérance. Il mesure 169 kilomètres de longueur, et sa largeur, d'environ 50 mètres, est suffisante pour que deux grands bateaux comme le nôtre puissent s'y rencontrer sans être obligés de s'arrêter aux garages. Pour éviter que le remous n'endommage les digues, qui ne sont pas encore entièrement en maçonnerie, les navires qui passent le canal ne doivent pas dépasser la vitesse de 10 kilomètres à l'heure. Cette lenteur nous permet de regarder à loisir le paysage ; mais il est désolant : des deux côtés du canal, c'est le désert, aride et monotone. La chaleur est accablante et chacun revêt des vêtements légers. De distance en distance, nous croisons une drague à vapeur qui creuse pour maintenir le fond à la profondeur voulue. Des ouvriers travaillent aux murs de soutènement des digues. Tous ces travaux impliquent de grosses dépenses pour la Compagnie du Canal ; mais les revenus l'emportent de beaucoup. Tout navire doit payer pour le passage 10 francs par personne et 7 fr. 50 par tonne de jaugeage : l'*Ernest-Simons* en a été pour 35.000 francs. Si l'on songe qu'il passe plus de 4.000 vaisseaux par an, on aura une idée des bénéfices réalisés. Il n'est pas étonnant que les actions de la Compagnie, émises à 500 francs, soient aujourd'hui cotées à 3.800.

A 8 heures du soir, nous arrivons à Suez, l'autre extrémité du canal. Le bateau stoppe quelques instants pour déposer le pilote qui l'a guidé depuis Port-Saïd et pour déposer la poste, puis il repart et nous voici dans la Mer Rouge.

Samedi, 10 octobre.

Pendant la nuit, nous avons passé à l'endroit où les Hébreux, sous la conduite de Moïse, franchirent à pied sec la Mer Rouge, ou, du moins, cette partie que l'on nomme aujourd'hui Golfe de Suez. Au lever du soleil, nous sommes en face du Mont Sinaï, dont le sommet, d'une hauteur de 2.600 mètres, se détache au-dessus d'un massif aride et désolé. C'est là que Dieu donna jadis sa Loi aux hommes : combien, hélas ! qui l'oublient... Vers 9 heures, une heure d'arrêt, toujours pour échauffement de l'arbre de couche. A midi, nouvelle halte, qui, cette fois, se prolonge. Le bateau, ne pouvant jeter l'ancre à cause de la profondeur de la mer, est à la merci des flots. Heureusement c'est le calme : pas de vent, sans quoi nous serions entraînés vers une côte peu hospitalière. Cependant on s'inquiète : des rumeurs annoncent un grave accident à la machine, que les mécaniciens s'appliquent à réparer. Pour se distraire de leur inaction forcée, les matelots se livrent à la pêche aux requins, qui, attirés par l'espoir d'une proie, prennent leurs ébats autour du navire. Au moyen d'un fort hameçon fixé à l'extrémité d'une chaîne de fer, ils réussissent à en capturer un de belle taille : il mesure plus de 2 mètres de longueur et pèse au moins 200 kilos. Certains passagers veulent faire de même, mais ne réussissent pas aussi bien : d'un coup de sa terrible mâchoire, le requin coupe la corde et s'en va, sans paraître autrement incommodé par l'hameçon qu'il a avalé.

Pendant ce temps, notre panne ne semble pas devoir prendre fin. Pourtant les détails se précisent et l'on commence à connaître la cause de l'accident : la bielle — une pièce de 2.000 kilos — actionnant le piston du cylindre central de la machine s'est brisée ; impossible de continuer la route et l'on attend le passage d'un bateau qui pourrait nous remorquer jusqu'à Suez. Mais aucun navire ne paraît à l'horizon et il faut que le nôtre se tire d'affaire par ses propres moyens. Les mécaniciens relient entre eux les deux cylindres de gauche et de droite, celui du milieu, privé de sa bielle, demeurant inutile. A 6 heures du soir, on affiche l'avis suivant : « Le Commandant a l'honneur » d'informer MM. les passagers que, par suite d'une grave » avarie de machine, le paquebot va rentrer dans le port de » Suez, où des instructions ultérieures leur seront données. » Cette nouvelle n'est pas réjouissante, mais on espère encore que le retard ne sera pas de longue durée : deux ou trois jours au maximum. Vers 8 heures, le bateau se met péniblement en marche, faisant environ 10 nœuds (18 km. 1/2) à l'heure, au lieu des 15 nœuds (28 km.) qu'il couvre normalement. Nous faisons route vers Suez, où nous passions hier à pareille heure.

Dimanche, 17 octobre.

Sur la demande d'un certain nombre de passagers, — surtout des passagères, — le Commandant autorise la célébration de la Messe dans le salon des dames en 1re classe. C'est moi, le doyen d'âge, qui suis désigné pour cet office ; je dis la Messe à 7 heures, devant une assistance peu nombreuse, mais bien recueillie.

Heureusement la mer est bonne : notre navire éclopé supporterait difficilement un gros temps. Enfin, vers 7 heures du soir, nous voyons briller le phare de Suez et peu après nous jetons l'ancre.

Lundi, 18 octobre.

Ce matin, à 8 heures, un remorqueur vient se placer à l'avant de l'*Ernest-Simons* et le conduit à grand'peine dans le port intérieur où, réduit à l'impuissance, il sera, du moins, protégé contre les coups de mer par les digues ou jetées. On l'amarre solidement, d'un côté au quai, de l'autre à des bouées, et le voilà immobilisé... jusqu'à quand ? Dans la matinée, nouvel avis : « Le Commandant » a l'honneur d'informer MM. les passagers que le paque- » bot ne pourra reprendre sa route avant lundi prochain » 25 octobre : ils peuvent donc disposer de la semaine » pour faire des excursions au Caire, aux Pyramides, etc. » Voilà, certes, une offre très aimable, qui cependant fut accueillie avec stupeur. Une semaine entière de retard et, pour comble, passée à Suez, autant dire dans le désert : c'est vraiment une perspective peu agréable ! Le premier moment de mauvaise humeur passé, chacun fait ses plans. Quelques-uns, pressés par leurs affaires, demandent à être transbordés sur le bateau de la Compagnie Péninsulaire qui doit passer le lendemain ; d'autres prennent le chemin de fer pour visiter, ainsi qu'ils y ont été conviés, le Caire, les Pyramides, le barrage du Nil ; d'autres enfin, et je suis de ce nombre, se résignent à attendre à bord la fin de la réparation et la reprise du voyage. De mes trois confrères, l'un est allé passer la semaine à Alexandrie, où il a une sœur religieuse de Saint-Vincent de Paul ; un autre se laisse tenter par les charmes d'une excursion au pays des Pharaons ; le troisième me tiendra compagnie pendant notre réclusion forcée.

Après un échange de télégrammes avec Marseille, il a été décidé que le paquebot « Australien », qui part de Marseille après-demain mercredi, nous apportera une bielle de rechange : il n'y a qu'à l'attendre patiemment.

Mardi, 19 octobre.

Je reste toute la journée à bord, luttant de mon mieux contre la chaleur et contre l'ennui.

D'après le cahier des charges, un bateau arrêté pour raison quelconque doit transmettre la poste dont il était chargé au premier navire qui passe. C'est ce que fait aujourd'hui notre pauvre *Ernest* : le navire anglais de la Compagnie Péninsulaire accepte la commission, mais moyennant la modique somme de 220.000 francs ! Voilà un accident qui coûtera cher aux Messageries-Maritimes.

Mercredi, 20 octobre.

Après midi, je descends à terre. Une barque me conduit

en dix minutes à Port-Twefik, le quartier européen, qui forme le quai du Canal. Dans le sable, moyennant de fréquents arrosages, on a réussi à faire pousser quelques arbres, malingres et poussiéreux. La Compagnie du Canal a établi deux écoles : une pour les garçons, dirigée par les Frères des Écoles chrétiennes ; une pour les filles, confiée aux Sœurs de Saint-Vincent de Paul. Une gentille chapelle, desservie par un Père franciscain, sert de paroisse aux Européens.

Un tramway à vapeur fait en un quart d'heure le trajet du port à la ville de Suez. Comme toute agglomération arabe, cette ville, qui compte environ 15.000 habitants, est sale et puante ; aussi il me suffit de l'avoir vue une fois : je ne serai pas tenté d'y revenir.

Jeudi, 21. — Vendredi, 22. — Samedi, 23 octobre.

Trois jours de vie monotone et ennuyeuse à bord. Pour occuper le temps, nous faisons quelques parties de dominos.

Dimanche, 24 octobre.

J'ai été invité à dire la messe paroissiale à 9 heures dans la chapelle de Port-Twefik. Le bon Père franciscain m'accueille fort aimablement. Pendant la cérémonie, les enfants des écoles chantent en français : « *Souvenez-vous, ô tendre Mère, qu'on n'eut jamais recours à vous* » et d'autres cantiques, et, un instant, je me crois de nouveau dans la chère église de Mellecey. Je rentre à bord pour le déjeuner, et décidément il y fait meilleur qu'à terre où la chaleur est vraiment fatigante.

Lundi, 25 octobre.

C'est aujourd'hui que l' « *Australien* », parti de Marseille mercredi dernier, doit arriver et nous apporter une bielle pour remplacer celle qui s'est brisée ; toute la journée, les yeux fixés sur le Canal, on surveille les bateaux qui passent, y cherchant le pavillon des Messageries, et, comme sœur Anne, on ne voit que « le soleil qui poudroie et *la mer* qui verdoie ».

Nos excursionnistes rentrent les uns après les autres et nous content monts et merveilles au sujet du Caire, des Pyramides, etc.

A 7 heures du soir enfin, un remorqueur, traînant à sa suite un lourd chaland, vient se ranger le long de l'*Ernest-Simons*. — « Voici la bielle », crie-t-on de toutes parts, et tout le monde de se précipiter sur le pont pour voir la fameuse pièce si impatiemment attendue. C'est bien elle, en effet ; la grue à vapeur se met en mouvement, une grosse chaîne descend lentement dans le chaland, on y fixe la bielle neuve, qui bientôt se balance dans le vide pour être ensuite descendue dans la machine. Les mécaniciens vont travailler toute la nuit à la placer et l'ajuster. Peut-être pourra-t-on partir demain matin : c'est sur cette douce espérance que l'on va prendre son repos.

Mardi, 26 octobre.

La matinée se passe sans que notre *Ernest* fasse le moindre mouvement. La pièce envoyée n'aurait-elle pas la mesure voulue ? Faudra-t-il en attendre une nouvelle ? Ou bien va-t-on transborder tous les passagers sur un autre paquebot ?... Les suppositions vont leur train, lorsque, à une heure après midi, les cabestans se mettent à faire tapage : on retire les amarres ; deux remorqueurs viennent aider notre bateau à virer de bord pour tourner son avant vers la sortie du port ; à deux heures nous sommes en pleine mer. L'*Ernest-Simons* continue son voyage avec 11 jours de retard...

Mercredi, 27. — Jeudi, 28. — Vendredi, 29 octobre.

La Mer Rouge est bénigne, mais elle veut garder sa réputation et nous gratifie d'une chaleur torride, aussi bien la nuit que le jour. Nombreux sont les passagers qui passent la nuit sur le pont, étendus sur leur chaise-longue, plutôt que d'affronter la température des cabines. Mais vers 5 heures du matin, — à l'heure où heureusement il fait un peu plus frais, — il faut nécessairement descendre : les matelots procèdent au lavage du pont et les dormeurs risqueraient d'être abondamment aspergés.

Samedi, 30 octobre.

A 9 heures du matin, nous arrivons en rade d'*Aden*, après avoir passé le détroit de *Bab-el-Mandeb* et l'île *Perim*, qui commande la sortie de la Mer Rouge et appartient à l'Angleterre. Aden, ville de 35.000 habitants, et le territoire environnant ont été également cédés aux Anglais en 1839. Sur une colline absolument dénudée, les maisons s'étagent depuis le bord de la mer, dominées par un fort que surmonte le drapeau anglais : nous le retrouverons souvent sur notre route. On ne saurait imaginer un pays aussi désolé que celui-ci ; pas l'ombre de végétation, et la raison en est simple : il ne pleut ici, en moyenne, qu'une fois tous les quatre ans. Au moment de notre passage, il y a deux ans et demi qu'il n'est tombé une goutte d'eau. Aussi le climat d'Aden est-il des plus meurtriers. La garnison du fort, composée surtout d'Indiens, doit être renouvelée au plus tard tous les ans, sans quoi les malheureux soldats ne résisteraient pas à une chaleur torride et ininterrompue. A quelque distance de la ville, on a creusé d'immenses citernes pour recueillir l'eau des rares pluies qui arrosent le pays : c'est, paraît-il, un travail gigantesque, fort intéressant à visiter, mais nous n'avons pas le courage d'affronter le soleil tropical. Je dis bien : tropical, car, vers le milieu de la Mer Rouge, nous avons passé le Tropique du Cancer, et nous sommes actuellement à 13° de latitude nord.

Pendant l'escale, le séjour du bord n'est cependant pas agréable, car on « *fait du charbon* », c'est-à-dire que l'*Ernest-Simons* renouvelle sa provision de combustible pour la longue étape qu'il lui faudra fournir jusqu'à Colombo. C'est une opération nécessaire assurément, mais plutôt pénible pour les passagers : une centaine de pauvres moricauds crient à tue-tête en transportant les sacs de charbon du chaland qui les a apportés jusqu'aux soutes du vapeur ; une poussière noire se répand partout, tout est fermé hermétiquement et ceux qui sont demeurés sur le pont ont grand besoin, l'opération terminée, d'un bain complet.

Le bateau est entouré de petits radeaux des plus rudimentaires sur chacun desquels trois ou quatre petits négrillons, en costume très sommaire, invitent à grands cris les passagers à jeter une pièce de monnaie à la mer ; aussitôt la pièce lancée, tout ce petit monde plonge instantanément et l'on voit bientôt reparaître à la surface de l'eau l'heureux gagnant de ce pittoresque concours, tenant entre ses dents le prix de sa victoire, tandis que les autres regagnent piteusement leur radeau, où ils recommencent de crier et de gesticuler jusqu'à un nouveau plongeon.

C'est à Aden que se fait le recrutement des Arabes-chauffeurs : une escouade descend à terre pour y prendre quelques semaines de congé et est immédiatement remplacée par une autre.

A 5 heures du soir, le bateau lève l'ancre pour commencer la plus longue étape de tout le voyage : nous allons être plus de 6 jours sans rien voir que le ciel et l'eau.

Dimanche, 30 octobre.

A 7 heures, un de mes confrères celèbre la Messe dans le salon des dames. La mer est un peu agitée à la hauteur du cap *Guardafui* et jusqu'en face de l'île *Socotora*. Nous entrons ensuite dans l'Océan Indien.

Lundi, 1ᵉʳ novembre.

C'est aujourd'hui la grande fête de la Toussaint. Nous avons la Messe à 7 h. 1/2 : là se bornera pour nous la solennité, mais nous nous unissons de cœur aux fidèles qui, de France au Japon, célèbrent la gloire des élus et recourent à leur intercession.

Mardi, 2 novembre.

Nous avons le regret, en ce jour des Morts, de ne pouvoir célébrer la Messe, faute d'un ornement noir. Pourtant nous n'oublions pas nos chers défunts...

Mercredi, 3 novembre.

Au Japon, c'est aujourd'hui la grande fête nationale, l'anniversaire de la naissance de S. M. l'Empereur. J'y pense et m'y unis de loin.

Pour nous, la journée se passe, monotone et brûlante. Notre seule distraction est de suivre les évolutions des poissons volants, qui abondent dans l'Océan Indien ; par bandes de 50 ou 60, on les voit sortir de l'eau, s'élancer droit devant eux, tout étincelants sous les rayons du soleil, puis retomber pour repartir un peu plus loin. Ils ne s'élèvent, du reste, que fort peu au-dessus de la surface de la mer, qu'ils semblent raser dans leur vol, et, dès que la chaleur a séché les nageoires qui leur servent d'ailes, ils replongent et disparaissent. Quelques-uns viennent sottement tomber dans les cabines par les sabords ouverts.

Jeudi, 4 novembre.

Nous devrions aujourd'hui arriver à Saigon; mais cette malheureuse panne nous en laisse bien loin.

Comme nous allons presque directement sur l'Est, nous gagnons chaque jour 25 ou 30 minutes et, lorsque la sirène annonce midi, c'est avec joie que l'on avance les montres d'autant. Et cependant, bien que nos journées ne soient que de 23 heures et demie, elles nous paraissent encore bien longues! Un des moments les plus agréables est celui du coucher du soleil : le ciel, à l'occident, revêt alors des teintes merveilleuses et l'on ne peut se lasser d'admirer le spectacle grandiose qui nous est ainsi offert chaque soir.

Vendredi, 5 novembre.

Nous touchons au terme de notre longue étape. Dans la matinée, on aperçoit au loin, vers le Nord, quelques sommets de montagne : c'est la pointe méridionale de l'Inde. A la tombée de la nuit, les côtes de Ceylan commencent à se montrer, et, vers 7 h. 1/2, le bateau jette l'ancre dans le port de *Colombo*. Nous nous hâtons de descendre à terre, où cependant la chaleur est bien plus lourde qu'à bord, et, traversant en tramway une partie de la ville, nous allons demander l'hospitalité aux Pères Oblats. On nous donne à chacun une cellule avec un lit en rotin, sur lequel nous nous efforçons de reposer, en dépit de la chaleur et des moustiques.

Samedi, 6 novembre.

De grand matin nous célébrons la Messe dans la chapelle du Séminaire et, après un petit déjeuner, nous regagnons le bord. Nous traversons d'abord la ville indienne, aux rues étroites, tortueuses et sales, pour tomber dans la ville européenne, — car nous sommes en colonie anglaise, — avec ses larges avenues et ses monuments imposants. Mais ce qui nous frappe plus que cela encore, c'est la végétation luxuriante, merveilleuse de l'île. Nous en avons fini, cette fois, avec les paysages arides, dénudés, de Suez et d'Aden ; nous sommes dans les régions équatoriales où le concours de chaleurs torrides et de pluies abondantes favorise la prodigieuse fécondité de la nature. Cocotiers, palmiers, bananiers, atteignent des hauteurs extraordinaires et la flore tout entière est d'une richesse inouïe.

A midi, ayant fait du charbon en notre absence, l'*Ernest-Simons* repart : nous voguons vers Singapore. Mais nous ne sommes plus que trois missionnaires : un de nos confrères, qui se rend à Pondichéry, nous a quittés à Colombo, d'où un bateau annexe des Messageries le conduira à destination en 48 heures. De ce fait, la couchette au-dessus de la mienne est libre : me voici plus tranquille sur les effets possibles du mal de mer et en possession d'une étagère pour placer les menus objets d'un usage journalier.

Tant que nous avons contourné l'île *Ceylan*, nous étions protégés par les côtes et le temps était assez bon ; mais, une fois en pleine mer, le bateau commence à s'agiter : c'est inquiétant pour la suite de la traversée.

Dimanche, 7 novembre.

Nos prévisions ne nous ont pas trompés ; la mer est mauvaise : impossible de célébrer la Messe et, toute la journée, nous sommes ballottés plus que nous ne le désirerions.

Lundi, 8 novembre.

Toujours mauvais temps : journée triste et déplorablement longue.

Mardi, 9 novembre.

Vers 8 heures du matin, nous laissons sur la gauche le groupe des îles *Nicobar*, puis nous commençons à longer la grande île de *Sumatra*, qui appartient à la Hollande. Le paysage est pittoresque, le sol paraît très fertile, mais la mer ne se calme pas, ce qui nous empêche de jouir et d'admirer à loisir.

Mercredi, 10 novembre.

Nous arrivons au détroit de Malacca et, des deux côtés, ce sont des côtes verdoyantes sur lesquelles on serait mieux que sur le pont toujours agité de notre bateau. Mais le port approche...

Jeudi, 11 novembre.

A 7 heures du matin, nous sommes en rade de Singapore ; mais, comme le bateau doit accoster au quai, la manœuvre est longue, et il est plus de 9 heures quand nous descendons à terre. Trois confrères de la Mission de Malacca sont venus au-devant de nous et veulent m'emmener à l'instant : mais le Comte de Bondy, consul de France, et sa dame, mes anciens paroissiens de Tokyo, sont là aussi, bien décidés à ne pas me laisser aller ailleurs que chez eux. Je cède à leurs instances, parce que je me suis résolu à attendre ici le passage du paquebot suivant, le *Tonkin*, qui, étant donné notre retard de 11 jours, sera ici dans 3 jours. J'ai déjà 32 jours de voyage ; j'en ai encore pour plus de deux semaines : il est bien permis de prendre un peu de repos, ce qui me permettra de satisfaire tout le monde et de voir successivement tous les confrères de ma connaissance.

Le Comte de Bondy habite, à deux lieues de la ville, une villa sur le bord de la mer. Nous voilà partis, en tramway d'abord, en *pousse-pousse* ensuite, pour nous y rendre, et, en route, je retrouve cette luxuriante végétation équatoriale dont rien, dans nos pays, ne saurait donner une idée quelque peu exacte. A la maison, je trouve toute la famille réunie ; mais les enfants que j'ai baptisés jadis à Tokyo ont grandi ; l'un d'eux est maintenant un jeune homme de 17 ans, ce qui ne me rajeunit pas. Mme la Comtesse me communique une lettre qu'elle a reçue du Japon et dans laquelle on lui apprend que Mgr l'Archevêque de Tokyo a été gravement malade, à la suite de crachements de sang abondants, à la fin du mois de septembre, qu'il va mieux actuellement, mais qu'une rechute, toujours à craindre, aurait des suites fatales. — Je ne saurais dire quelle pénible impression me cause cette nouvelle.

Dans l'après-midi, avec un confrère qui est un vieil ami, nous rentrons en ville et visitons l'église chinoise, puis la cathédrale et l'évêché, où nous prenons le repas du soir, après quoi je me rends à la Procure, où j'ai ma chambre pour la nuit.

Vendredi, 12 novembre.

Un Européen, ami de mon confrère, a mis à sa disposition une automobile pour nous permettre de visiter les environs de la ville. Nous en profitons pour nous rendre chez un vieux missionnaire, à quelque vingt kilomètres dans la campagne : installation bien apostolique, presque misérable, dans la solitude la plus complète. De loin en loin, à l'ombre des grands arbres, on aperçoit la maison d'un chrétien, qui nous salue au passage. J'admire de plus en plus cette végétation puissante, et je fais ou refais connaissance avec les fruits tropicaux : la noix de coco, au goût de noisette ; le dourian, d'une saveur agréable, mais d'une odeur nauséabonde ; le mangoustan, le raboutan, etc. Dirai-je qu'à tout cela je préfère, et de beaucoup, nos bons fruits de France?

Samedi, 13 novembre.

Le matin, nous visitons la ville. Singapore, qui appartient à l'Angleterre depuis 1824, a une population de plus de 200.000 habitants, dont les deux tiers sont des Chinois. La ville anglaise, comme celle de Colombo, est vraiment magnifique ; les habitations des Européens sont construites avec tout le confortable qu'exige une température torride, toujours la même, sans différence entre l'été et l'hiver, car nous sommes seulement à un degré au nord de l'équateur. Aussi, en ce milieu de novembre, la chaleur, lourde, pénible, me fait songer avec regret à la bonne fraîcheur de France, dont je jouissais il y a un mois.

Nous rentrons pour déjeuner à l'évêché, où Mgr de Malacca vient de rentrer après une longue tournée de confirmation dans l'intérieur du pays.

Après-midi, nouvelle promenade dans la campagne, chez un autre missionnaire : une grande partie de son district est couverte de forêts, — de vraies forêts vierges, — dont l'aspect grandiose et mélancolique est vraiment impressionnant. Quelle solitude ! Quel silence !

Dimanche, 14 novembre.

Je suis invité, ce matin, à dire la messe paroissiale à l'église chinoise à 8 heures : il n'y a nulle part de messe plus tardive que cela à cause de la chaleur. Dès 7 h. 1/2, 1.500 Chinois et Chinoises sont réunis là, criant à tue-tête leurs prières du matin, chacun dans le dialecte qui lui est propre, ce qui produit une cacophonie invraisemblable. Pendant la messe, des jeunes gens chantent des motets en latin, et fort passablement. Mon ami, le curé de la paroisse, fait un sermon qui devait être fort beau si j'en juge et par l'onction avec laquelle il le donnait et par l'attention de son nombreux auditoire ; malheureusement, pour moi c'était du... chinois.

Après le déjeuner, nous allons visiter une nouvelle église chinoise qui doit être inaugurée bientôt : les chrétiens ont fait eux-mêmes tous les frais d'achat du terrain et de construction, et le total se monte à bien près de 100.000 piastres (300.000 francs). Il est vrai que, parmi ces Chinois, il y a quelques commerçants qui ont su réaliser une fortune considérable.

A 3 h. 1/2 a lieu le salut du Saint-Sacrement, et je me sens profondément touché en entendant chanter par des Chinois, à 12.000 kilomètres de France, ces mêmes hymnes ou motets : *O Salutaris, Ave maris Stella, Tantum ergo*, dont résonnent les voûtes de notre église de Mellecey. Et je les entendrai encore, chantés par des Indiens, par des Japonais, comme je les ai entendus déjà par des Arabes ou des Égyptiens, et cette pensée me fait répéter avec plus de foi : *Credo sanctam Ecclesiam catholicam* : Je crois en la sainte Église catholique, qui n'a qu'une langue et qu'une voix pour louer Dieu par tout l'univers.

Le soir, nous allons dîner chez le curé de la paroisse indienne. Ici, autant de races, autant de langues et autant d'églises.

Lundi, 15 novembre.

La Compagnie des Messageries Maritimes a ici un bateau-annexe qui fait le service de Batavia, dans l'île de Java. Ce bateau, le *La Seyne*, a pour commandant un officier avec lequel j'ai fait le voyage de France, il y a deux ans. Il m'a écrit à Marseille pour m'inviter à déjeuner avec lui à mon passage ici. Je me dispose, au moins, à lui rendre visite, car il a dû arriver ce matin, lorsque j'apprends que, vers 5 heures du matin, avant le jour, le *La Seyne* a eu une collision avec un bateau anglais allant en sens inverse et a sombré en moins de 5 minutes : on compte 93 victimes, dont le malheureux commandant ; 61 personnes ont pu être sauvées. Détail navrant, il y aurait eu plus de vies sauves sans les requins qui abondent dans ces parages et qui ont dévoré un grand nombre des naufragés. Cette nouvelle a répandu la consternation à Singapore.

Vers 4 heures de l'après-midi, je me dirige vers mon paquebot, le *Tonkin*. Il est construit sur le même modèle que l'*Ernest-Simons*, aussi je suis bien vite familiarisé avec ma nouvelle installation. Mais je vais être seul : de mes deux confrères, l'un a continué sa route avec le cher *Ernest ;* l'autre reste à Singapore. A 6 heures, nous levons l'ancre, et me voici de nouveau ballotté au gré des flots ; mais ces quelques jours passés à terre m'ont fait du bien.

Mardi, 16 novembre.

Nous voguons presque directement vers le Nord ; la mer est un peu agitée. Jusqu'à Saigon, les passagers sont très nombreux ; mais je ne songe pas même à faire connaissance avec personne, puisque nous devons arriver demain, et je demeure tout seul, bien tranquillement dans mon petit coin.

Mercredi, 17 novembre.

La mer est toujours un peu moutonneuse. A 1 heure de l'après-midi, nous arrivons au cap Saint-Jacques ; on prend un pilote et nous entrons dans la tortueuse rivière de Saigon, où nous arrivons à 5 heures. Une demi-heure plus tard, j'étais à la Procure, et j'avais l'agréable surprise d'y trouver un condisciple et ami du Séminaire de Paris, que je n'avais pas vu depuis 23 ans.

Jeudi, 18 novembre.

Ici, du moins, nous sommes en pays français : les noms des rues sont écrits en français, on entend parler français autour de soi. Aussi est-ce avec un véritable plaisir que, malgré la chaleur, je fais une promenade en ville. Certains quartiers sont vraiment magnifiques et plusieurs monuments, comme le palais du gouverneur, la cathédrale, ne le cèdent en rien à ceux des grandes cités de France.

Dans l'après-midi, Mgr Mossard, évêque de Saigon, a la bonté de me proposer une promenade en voiture dans les environs. Nous allons jusqu'à la ville chinoise de *Cholon*, d'une activité commerciale indescriptible, et nous revenons par la triste et monotone *Plaine des Tombeaux*.

Vendredi, 19 novembre.

A 5 heures du matin, je quitte la Procure pour m'embarquer, car le bateau part à 6 heures. Le plus grand nombre des passagers est descendu à Saigon, et nous ne sommes plus que 8 ou 10 en seconde. Cela me procure l'avantage d'avoir, pour moi seul, une cabine que je garderai jusqu'à la fin du voyage. J'en suis d'autant plus heureux que, à peine le *Tonkin* est-il sorti de la rivière et a-t-il doublé le cap Saint-Jacques, la mer devient mauvaise : l'après-midi se passe ainsi péniblement et nous nous couchons avec la perspective d'un lendemain désagréable.

Samedi, 20 novembre.

Nos craintes sont largement réalisées : jamais je n'ai vu une mer pareille. Nous sommes tombés dans ce que les marins appellent une « *queue de typhon* ». A chaque coup de tangage, le bateau penche de l'avant ; l'hélice sort de l'eau à l'arrière et pendant un instant se meut dans le vide, ce qui produit dans tout le navire des trépidations très pénibles. Comme une grande quantité des marchandises a été déchargée à Saigon, le bateau est presque vide, la ligne de flottaison est à un mètre au-dessus de l'eau ; aussi nous dansons dans tous les sens, plus que ne le ferait une coquille de noix lancée sur le *Mézane* un jour de grande bise.

Mais les journées les plus tristes ont pourtant une fin, et l'on se couche, — ceux, du moins, qui ont eu le courage de se lever, — en espérant mieux pour le jour suivant.

Dimanche, 21 novembre.

Vain espoir ! La mer continue de faire rage et de ballotter comme une épave notre pauvre *Tonkin*. Personne sur le pont, personne à table : tout est silencieux, morne, désolé !...

Et je pense à Mellecey ; par le souvenir, j'assiste à la grand'messe ; je songe que, après les vêpres, les enfants et jeunes filles du Patronage vont fêter saint Félix, et, au lieu de prendre part à cette gentille réunion de famille, moi, je suis ici, au milieu de la Mer de Chine, agité, secoué, cahoté, fatigué, brisé ! Et cela dure depuis 48 heures ! Et le vent contrarie notre marche ; nous n'avançons que lentement. Quand donc arriverons-nous enfin à Hongkong ?...

Lundi, 22 novembre.

Pendant la nuit, nous nous sommes rapprochés de la côte de Chine ; aussi la mer est-elle un peu calme. Vers 8 heures nous entrons dans le groupe d'îles qui avoisine Hongkong, et, deux heures plus tard, le *Tonkin* accostait enfin au quai de *Kowlon*, sur le continent. En moins d'un quart d'heure un petit vapeur nous transporte à *Victoria*, la capitale de l'île de *Hongkong*. De nouveau nous voici en colonie anglaise ; mais quel plaisir de poser le pied sur la terre ferme après les trois journées que nous venons de passer ! C'est en 1842 que Hongkong fut cédée par la Chine à l'Angleterre, qui a su faire d'un rocher à peu près désert une résidence des plus agréables en même temps qu'une place forte de première classe. L'île compte aujourd'hui 300.000 habitants, dont les 2/3 environ sont des Chinois et le reste des Européens, des Hindous, des Birmans, des Malais. Victoria est une ville vraiment remarquable avec ses rues en pente, si animées et si pittoresques, ses quais, ses énormes magasins, et le va-et-vient continuel de ses centaines de vapeurs et de jonques.

Arrivé à la Procure, j'y trouve plusieurs missionnaires de connaissance, entre autres le P. Lecomte, mon premier curé au Japon, aujourd'hui Supérieur de notre maison de *Nazareth*, à la fois imprimerie et maison de retraite. Après le déjeuner, nous prenons le funiculaire qui nous conduit au sommet du Pic (540 m.) qui domine l'île. De là nous descendons à pied à Nazareth. Depuis mon passage ici, l'imprimerie s'est encore perfectionnée ; elle publie des ouvrages, non seulement en caractères européens, mais en chinois, en *lolo*, en annamite, en cambodgien, en malais, en thibétain, etc. Je passe quelques instants à notre sanatorium de *Béthanie*, puis, à la tombée de la nuit et par une superbe route, nous faisons allégrement les 6 kilomètres qui nous ramènent à la Procure. Il faut dire que la température, bien qu'encore chaude, n'est plus, heureusement, celle de Colombo, de Singapore ou de Saigon. Demain nous repasserons le tropique en montant vers le Nord : nous touchons à la zone tempérée. Après le souper, il faut remonter à bord, car le *Tonkin* part à 5 heures demain matin : je dis donc adieu aux confrères réunis à la Procure et m'en vais reprendre possession de ma cabine.

Mardi, 23 novembre.

Au petit jour le bateau lève l'ancre, et, après avoir évolué à travers les innombrables navires et barques au repos dans le port, il franchit le détroit et nous voici en pleine mer. Jusque vers midi, à cause de la proximité de la côte, le temps est passable ; mais ensuite le *Tonkin* se met à tanguer et à rouler tout à la fois : allons-nous retrouver la mauvaise mer des jours derniers ?

Mercredi, 24 novembre.

Nous passons le détroit de *Formose*, qui, selon son habitude, est assez agité; tangage et roulis continuent, mais moins violents qu'avant Hongkong. Nous ne perdons presque pas de vue la côte de Chine, et, le soir venu, on voit les phares s'allumer successivement sur notre gauche.

Jeudi, 25 novembre.

Nous allons toujours vers le Nord : la température se rafraîchit et la mer se calme peu à peu. Avant midi, l'eau change de couleur et, de vert foncé qu'elle était, devient nuance café au lait : nous approchons de l'embouchure du grand fleuve Bleu *(Yang-tse-Kiang)*, qui charrie jusque là la vase de son cours de 5.000 kilomètres. En effet, vers 5 heures, le bateau arrive à la bouée qui indique le commencement d'une plage sablonneuse de très peu de fond, et comme, malheureusement, ce n'est pas l'heure de la marée, nous stoppons là pour l'attendre. A 8 heures, l'eau s'est élevée et il y a, paraît-il, un fond suffisant pour que nous ne risquions pas de nous échouer : nous partons et, vers 11 heures du soir, nous arrivons à l'embouchure même du fleuve. Là il nous faut attendre jusqu'au lendemain matin qu'un petit vapeur vienne prendre les passagers pour les conduire à *Shanghai*, car les grands bateaux ne montent pas dans la rivière.

Vendredi, 26 novembre.

Avant 7 heures, la chaloupe à vapeur de la Compagnie est rangée sur le flanc du *Tonkin* et attend les passagers. Nous descendons et bientôt nous voguons sur le fleuve Bleu, large comme un bras de mer. Après une demi-heure, nous le quittons pour prendre, à gauche, un de ses affluents, le *Whangpo*, sur lequel est située la ville de Shanghai, où nous arrivons vers 9 heures. Shanghai, ville de 650.000 habitants, est le plus grand port et le principal marché de la Chine. Le long du quai, sur la rive gauche de la rivière, on rencontre successivement la concession internationale, avec quartier japonais, quartier américain, quartier anglais ; la concession française, régie par une administration française et gardée par une police française; la cité chinoise, avec son enceinte crénelée, et partout l'activité est incessante : filatures, usines, ateliers, magasins, banques, consulats, hôpitaux. écoles, champ de courses, halles, bibliothèques, journaux, rien n'y manque. Mais quand on pénètre dans la ville chinoise, on retrouve les rues étroites et tortueuses, la foule grouillante, avec la saleté et la puanteur qui caractérisent l'Empire du Milieu.

Un tramway électrique nous conduit en un quart d'heure à la Procure. Après le déjeuner, nous faisons un petit tour en ville, puis, à 4 heures, il faut se rembarquer sur le vapeur, qui, deux heures plus tard, nous dépose sur le *Tonkin*. A 8 heures, celui-ci part à son tour, et, cette fois, c'est enfin vers le Japon que nous marchons.

Samedi, 27 novembre.

Dans la matinée, la mer reprend sa belle couleur : nous sortons des eaux chinoises. Nous allons vers le Nord-Est et la température se rafraîchit sensiblement ; mais le temps est beau. Je puis jouir à loisir de ma solitude, car il n'y a plus qu'un seul passager de seconde, et c'est moi.

Dimanche, 28 novembre.

Encore un dimanche qui va se passer tristement, sans messe, sans offices; mais c'est le dernier !

Dans la matinée, nous apercevons, sur notre droite, un groupe d'îles : ce sont les *Gotô*, c'est le Japon. Je commence à me sentir *chez moi*. A midi, nous franchissons le détroit de *Shimonoseki,* si pittoresque, puis nous pénétrons dans la Mer Intérieure, une des merveilles du monde, avec ses centaines d'îles ou d'îlots verdoyants, à travers lesquels notre bateau va, vient, tourne et retourne, comme pour nous les faire admirer plus à loisir. On ne se lasse pas de contempler ces gracieux paysages et la journée s'écoule doucement sans presque qu'on en ait conscience.

Lundi, 29 novembre.

Dans la nuit, nous sommes arrivés à l'entrée du port de *Kôbé,* mais on n'y pénètre que vers 7 heures. Le *Tonkin* jette l'ancre assez loin. Un premier vapeur vient accoster : c'est le bureau d'hygiène qui vient s'assurer s'il n'y a pas à bord de maladie contagieuse. Second vapeur : c'est la douane qui vient s'installer pour empêcher la contrebande. Enfin, troisième vapeur : c'est la chaloupe des Messageries, qui recueille les passagers pour les conduire à terre. Je trouve le P. Procureur de la Mission d'*Osaka*, venu à ma rencontre, lequel, sans autre préambule, m'annonce que, dans une heure, je vais voir Mgr l'Archevêque de Tokyo. A mon geste de stupéfaction, il répond que Monseigneur est plus malade et que, de l'avis des médecins, la seule chance de salut pour lui est de retourner en France, et voilà pourquoi, embarqué hier à *Yokohama*, sur l'*Ernest-Simons* qui repart pour Marseille, il doit arriver ici avant midi. En attendant, nous allons à la Procure, où je trouve Mgr l'Évêque d'Osaka, venu pour saluer Mgr l'Archevêque à son passage. Ensemble, dans l'après-midi, nous montons en chaloupe pour nous rendre à l'*Ernest-Simons*, qui vient d'être signalé. Depuis quelques heures, le vent s'est levé, la mer est démontée ; notre petite embarcation exécute des bonds fantastiques ; par deux fois nous sommes littéralement inondés des pieds à la tête par des paquets de mer qui fondent sur nous. Enfin nous arrivons au paquebot, que nous avons grande difficulté à accoster. Un instant après, j'étais auprès de mon Archevêque, que j'avais peine à reconnaître, tant la maladie l'a changé : maigre, hâve, la voix éteinte, il est méconnaissable. Pour ne pas fatiguer Sa Grandeur, j'abrège cette pénible entrevue et je m'en vais, le cœur triste, plein des plus sombres pressentiments !...

Étant donné le vent de tempête qui souffle présentement, il ne me sourit que fort peu de remonter à bord, aussi Mgr d'Osaka me détermine-t-il aisément à partir avec lui pour Osaka, où je passerai la nuit, et demain matin je prendrai le train pour *Yokohama*, où j'arriverai à 8 heures du soir.

Ainsi fut fait et ainsi se termina un voyage de 52 jours, bien long pour celui qui eut à l'accomplir, trop long peut-être aussi pour les lecteurs du « Bulletin de la Vallée des Vaux ! »

CHALON-SUR-SAÔNE, IMPRIMERIE E. BERTRAND 12677.

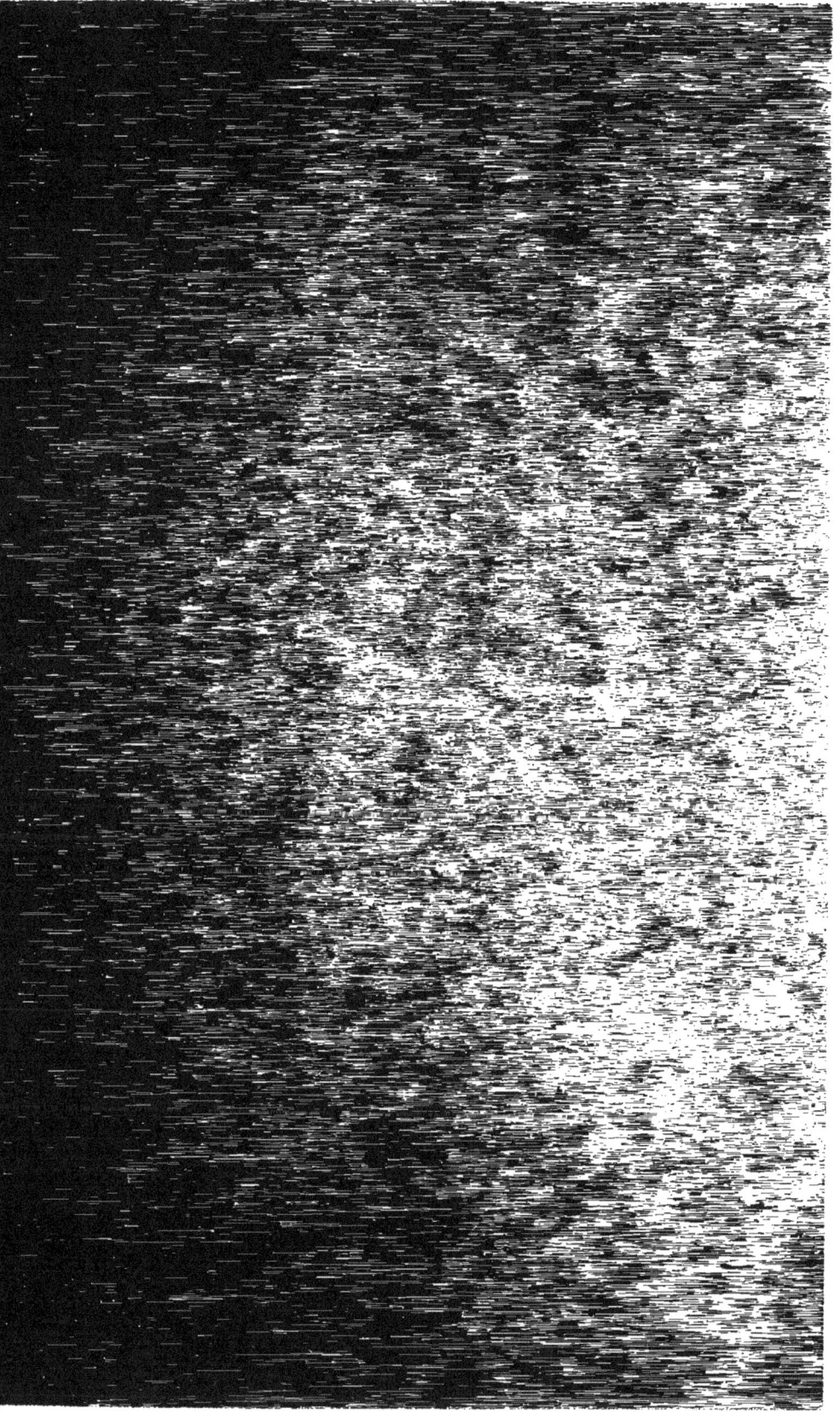

www.ingramcontent.com/pod-product-compliance
Lightning Source LLC
Chambersburg PA
CBHW060611050426
42451CB00011B/2194